BEI GRIN MACHT SICH IHR WISSEN BEZAHLT

- Wir veröffentlichen Ihre Hausarbeit,
  Bachelor- und Masterarbeit

- Ihr eigenes eBook und Buch -
  weltweit in allen wichtigen Shops

- Verdienen Sie an jedem Verkauf

Jetzt bei www.GRIN.com hochladen und kostenlos publizieren

Alexandra Wagner-Emden

Hypothesenbildung und Operationalisierung am Beispiel der Wirksamkeit von Werbemaßnahmen verschiedener Kaufhäuser

GRIN Verlag

Bibliografische Information der Deutschen Nationalbibliothek:

Die Deutsche Bibliothek verzeichnet diese Publikation in der Deutschen National-
bibliografie; detaillierte bibliografische Daten sind im Internet über http://dnb.d-
nb.de/ abrufbar.

Impressum:

Copyright © 2010 GRIN Verlag GmbH
Druck und Bindung: Books on Demand GmbH, Norderstedt Germany
ISBN: 978-3-656-47618-4

Dieses Buch bei GRIN:

http://www.grin.com/de/e-book/231118/hypothesenbildung-und-operationalisierung-
am-beispiel-der-wirksamkeit-von

GRIN - Your knowledge has value

Der GRIN Verlag publiziert seit 1998 wissenschaftliche Arbeiten von Studenten, Hochschullehrern und anderen Akademikern als eBook und gedrucktes Buch. Die Verlagswebsite www.grin.com ist die ideale Plattform zur Veröffentlichung von Hausarbeiten, Abschlussarbeiten, wissenschaftlichen Aufsätzen, Dissertationen und Fachbüchern.

Besuchen Sie uns im Internet:

http://www.grin.com/

http://www.facebook.com/grincom

http://www.twitter.com/grin_com

Fachhochschule Köln

Cologne University of Applied Sciences

Fakultät für Wirtschaftswissenschaften

Hausarbeit im Studiengang Versicherungswesen

„Hypothesenbildung und Operationalisierung an einem selbst gewählten Beispiel"

von: Alexandra Wagner-Emden

2

Inhaltsverzeichnis

Abbildungsverzeichnis   3

Abkürzungsverzeichnis   4

1   Einleitung   5

2   Einordnung der Hypothesenbildung und Operationalisierung im
     Marketingforschungsprozess   5

3.   Hypothesen   6

3.1 Definition Hypothese   7

3.2 Hypothesenbildung   7

3.3 Klassifikation   8

3.3.1 Klassifikation nach der Richtung   8

3.3.2   Klassifikation nach der Art   8

4   Operationalisierung   9

4.1 Definition Messung   10

4.2 Der Operationalisierungsprozess   10

4.2.1 Dimensionen   11

4.2.2 Indikatoren   11

5 Fazit   13

Literaturverzeichnis   14

Abbildungsverzeichnis

Abbildung 1:
Der Marketingforschungsprozess   5

Abbildung 2:
Operationalisierung   10

Abbildung 3:
Beispiel einer Operationalisierung   12

Abkürzungsverzeichnis

Abb.	Abbildung
bzgl.	bezüglich
bzw.	beziehungsweise
Dipl.	Diplom
Dr.	Doktor
et.	et cetera
FH	Fachhochschule
ggf.	gegebenenfalls
M.B.A.	Master of Business Administration
NRW	Nordrhein – Westfalen
o.g.	oben genannten
Prof.	Professor
u.a.	unter anderem
vgl.	vergleiche
z.B.	zum Beispiel

1 Einleitung

Im Rahmen der Vorlesung „Datenanalyse und – präsentation" im sechsten Semester des Studiengangs Versicherungswesen an der Fachhochschule (FH) Köln, sind verschiedene Themen zur Ausarbeitung vorgestellt worden.

Diese Hausarbeit beschäftigt sich im Weiteren mit dem Thema „Hypothesenbildung und Operationalisierung an einem selbstgewählten Beispiel".

Hypothesenbildung und Operationalisierung sind beide Teil des Marketingforschungsprozesses, welcher im ersten Schritt dieser Arbeit genauer erläutert werden soll. Außerdem wird eine Einordnung von Hypothesenbildung und Operationalisierung im Marketingforschungsprozess vorgenommen.
Des Weiteren wird die Arbeit Aufschluss darüber geben, worum es sich bei Hypothesen im Allgemeinen handelt und wie diese gebildet werden.
Im nächsten Schritt wird erläutert, wie eine Hypothese operationalisiert wird und was das Ziel des Operationalisierungsprozesses ist.

All dies soll an einem Beispiel verdeutlicht werden. Beim gewählten Beispiel handelt es sich um die Untersuchung der Wirksamkeit von Werbemaßnahmen verschiedener Kaufhäuser. Im Laufe der Arbeit wird dieses Beispiel immer wieder herangezogen werden.

Diese Arbeit orientiert sich in großen Teilen an dem Buch „Marketingforschung – Ein praxisorientiert Leitfaden" von Andrea Raab, Andreas Poost und Simone Eichhorn. Dieser Leitfaden hat sich durch seinen Praxisbezug durchgesetzt und verdeutlicht sehr genau den gesamten Marketingforschungsprozess.

2 Einordnung der Hypothesenbildung und Operationalisierung im Marketingforschungsprozess

Zunächst wird in diesem Kapitel erläutert, was unter einem Marketingforschungsprozesses zu verstehen ist und wie dieser aufgebaut ist.

Die Marketingforschung wird als „die systematische Anlage und Durchführung von Datenerhebungen sowie die Analyse und Weitergabe von Daten und Befunden, die in bestimmten Marketingsituationen vom Unternehmen benötigt werden"[1] beschrieben. Sie betrachtet sowohl außerbetriebliche, als auch innerbetriebliche Faktoren. In der Marketingforschung werden also sowohl die Wirkung der durchgeführten Marketingaktivitäten, als auch innerbetriebliche Informationen untersucht und hinsichtlich neuer Aktivitäten verwertet.

Die Marketingforschung ist unbedingt von der Marktforschung abzugrenzen.

Die Marktforschung konzentriert sich im Gegensatz zur Marketingforschung „auf die Untersuchung von Sachverhalten außerhalb des Unternehmens"[2]. Es geht also bei der Marktforschung eher um die volkswirtschaftlichen Gesichtspunkte, wie z.B. die Betrachtung des Arbeitsmarktes, des Kapitalmarktes et cetera (etc.).

---

[1] Vgl. Kotler, Keller, Bliemel, Marketing-Management: Strategien für wertschaffendes Handeln, 2007
[2] Vgl. Meffert, Marketing – Grundlagen marktorientierter Unternehmensführung, 2000

Ziel der Marktforschung ist es, aktuelle und marktbezogene Daten zu erhalten, welche als Grundlage zur Planung von Marketingaktivitäten dienen.

Der Marketingforschungsprozess unterteilt sich in vier verschiedene Phasen, welche in der folgenden Abbildung schematisch dargestellt werden.

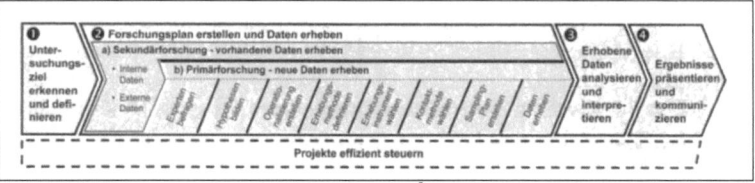

Abbildung (Abb.) 1: Der Marketingforschungsprozess[3]

Im ersten Schritt wird das Ziel der Untersuchung definiert. In der zweiten und komplexesten Phase des Marketingforschungsprozesses wird ein Forschungsplan erstellt und Daten werden erhoben. Schließlich folgt die Analyse der erhobenen Daten sowie die abschließenden Präsentation und Kommunikation der Forschungsergebnisse.

Das Thema der vorliegenden Arbeit, Hypothesenbildung und Operationalisierung, ist Teil der zweiten Phase des Marketingforschungsprozesses. Nach einer gründlichen Sekundärforschung, bei der bereits existierende Daten zusammen getragen werden, können durch die Primärforschung Daten erhoben werden, welche genau auf die betrachtete Fragestellung passen.[4] Hypothesenbildung und Operationalisierung sind beide Teil der Primärforschung, welche Teil des Marketingforschungsprozesses ist.
Die Primärforschung ist meist kostspieliger als die Sekundärforschung, da bei der Sekundärforschung auf bereits existierende Daten zurückgegriffen werden kann, während in der Primärforschung diese Daten erst beschafft werden müssen. Eine genaue Planung und Durchführung ist hier deshalb notwendig, damit die Kosten in einem tragbaren Rahmen gehalten werden können.

Bevor Hypothesen gebildet werden können und dann operationalisiert werden, sollte eine Expertenbefragung zu dem zu betrachtenden Problem durchgeführt werden. „Durch das Wissen, die Erfahrungen und die Meinungen der Experten"[5] sollen bestimmte Erkenntnisse erlangt werden, welche durch empirische Forschung nur schwer zu erreichen sind. Außerdem können so Informationen erlangt werden, die auf mögliche Hypothesen hinweisen.
Die Expertenbefragung ist also eine wichtige Vorstufe der Hypothesenbildung.

3 Hypothesen

Ziel der Marketingforschung ist es die Informationslage der Entscheidungsträger des jeweiligen Unternehmens zu verbessern und so neue Marktchancen frühzeitig zu erkennen.
Die Darstellung beziehungsweise (bzw.) Begründung einzelner Tatbestände kann bei der Entscheidungsfindung eines Unternehmens hilfreich sein. Die

---

[3] vgl. Raab, Poost, Eichhorn, Marketingforschung – Ein praxisorientierter Leitfaden, 2009, S. 13
[4] vgl. Raab, Poost, Eichhorn, Marketingforschung – Ein praxisorientierter Leitfaden, 2009, S. 14
[5] vgl. Raab, Poost, Eichhorn, Marketingforschung – Ein praxisorientierter Leitfaden, 2009, S. 27

Darstellung von Vermutungen stellt erste Hypothesen dar, von denen der Marketingforschungsprozess ausgeht.

3.1 Definition Hypothese

Hypothesen werden als allgemeine Aussagen über Zusammenhänge zwischen empirischen und logischen Sachverhalten bezeichnet, welche eine Beziehung zwischen mindestens zwei Merkmalen voraussetzen.[6] Auf Grundlage der zuvor definierten Ziele und der Resultate, die sich aus der Sekundärforschung und der zuvor durchgeführten Expertenbefragung ergeben haben, werden Ausgangshypothesen abgeleitet. Diese sollen „die Zielrichtung der Untersuchung verdeutlichen".[7] Dabei ist es nicht wichtig, möglichst viele Hypothesen zu bilden, sondern möglichst aussagekräftige Hypothesen aufzustellen, welche die Problemlösung erleichtern.

3.2 Hypothesenbildung

Die zusammengetragenen Daten aus der Marketingforschung sollen die Ausgangshypothesen untermauern und offene Fragen beantworten. Damit gewährleistet werden kann, dass die erhobenen Ergebnisse der Untersuchung (meist Stichprobenergebnisse etc.) der Richtigkeit entsprechen, sollten die Hypothesen statistisch geprüft werden. Das Resultat einer solchen statistischen Prüfung ist, dass die Hypothesen entweder bestätigt oder falsifiziert werden.
So können die Ergebnisse der Untersuchung auf ihre Qualität hin untersucht und besser eingeschätzt werden.
Da die Überprüfung aufgestellter Hypothesen die Entscheidungsfindung erleichtert, ist diese Überprüfung für den Marketingforschungsprozess zwingend notwendig.
Schon bei der Hypothesenformulierung sollte darauf geachtet werden, welche Erhebungsmethoden sinnvoll sind, um die gewünschten Daten zu erhalten. Trotz Vorüberlegungen, welche schon während der Hypothesenbildung zu Untersuchungsinstrumenten getroffen werden sollten, besteht die Möglichkeit die Hypothesen im Verlauf des Erhebungsprozesses an neue Erkenntnisse oder Bedürfnisse anzupassen und gegebenenfalls (ggf.) zu verändern.[8]

Um den Vorgang der Hypothesenbildung und Operationalisierung im Weiteren zu veranschaulichen, wird eine beispielhafte Hypothese aufgestellt.

In unserem Beispiel soll die Effektivität von Kaufhauswerbung auf Verbesserungsmöglichkeiten untersucht werden.
Die Ausgangshypothese kann zum Beispiel (z.B.) lauten: „Verschiedene Kaufhäuser nutzen verschiedene Werbearten unterschiedlich wirksam."
Aus dieser Ausgangshypothese können nun die Messgrößen herausgefiltert werden, die für die weitere Untersuchung der Hypothese sinnvoll sind. Im gewählten Beispiel ist eine einzelne Ausgangshypothese ausreichend. Bei komplexeren Problemen besteht aber auch die Möglichkeit mehrere Ausgangshypothesen zu formulieren.

„Hypothesen bestehen [in der Regel] aus zwei Teilsätzen"[9]. Gängige Methoden, um Hypothesen zu formulieren sind z.B. „Wenn-dann"-Sätze (z.B.: Wenn Werbung bunt ist, dann hat sie eine größere Wirkung.) und „Je-desto"-

---

[6] Vgl. Schnell, Hill, Esser, Methoden der empirischen Sozialforschung, 2008, S. 53
[7] Vgl. Raab, Poost, Eichhorn, Marketingforschung – Ein praxisorientierter Leitfaden, 2009, S. 31
[8] Vgl. Raab, Poost, Eichhorn, Marketingforschung – Ein praxisorientierter Leitfaden, 2009, S. 31
[9] Vgl. Herrmann, Homburg, Klarmann, Handbuch Marktforschung, 2008, S. 89

Sätze (z.B.: Je mehr Werbung ein Kaufhaus macht, desto mehr steigt der Absatz). Die aufgestellten Hypothesen müssen im weiteren Verlauf für die Statistik prüfbar sein, damit verwertbare Ergebnisse erlangt werden können. Deswegen müssen Hypothesen die folgenden Voraussetzungen erfüllen.

Hypothesen müssen:[10]

✓ Mess- und prüfbar gemacht werden können
✓ Mindestens zwei Variablen enthalten
✓ Falsifizierbar sein (es muss die Möglichkeit bestehen, dass die Hypothesen abgelehnt werden)
✓ Realitätsnah formuliert sein
✓ Möglichst exakt formuliert sein
✓ Frei von Redundanzen sein (ein Begriff darf den anderen nicht abdecken)
✓ Widerspruchsfrei sein (ein Begriff darf den anderen nicht ausschließen)
✓ Aussagen darstellen (keine Fragen)
✓ Die empirischen Geltungsbereiche aufzählen (explizit oder implizit)

3.3 Klassifikation

Um die verschiedenen Hypothesen zu ordnen und voneinander abzugrenzen besteht die Möglichkeit, die Hypothesen zu klassifizieren. Es gibt zwei verschiedene Arten der Klassifikation, welche in diesem Kapitel erläutert werden sollen.

3.3.1 Klassifikation nach der Richtung

Es kann zwischen einseitigen (gerichteten) und zweiseitigen (ungerichteten) Hypothesen unterschieden werden. Gerichtete Hypothesen geben die Richtung des Unterschieds oder Zusammenhangs zwischen verschiedenen Variablen an. Wenn z.B. die erste Variable steigt, dann steigt auch die zweite Variable. Ungerichtete Hypothesen hingegen gehen lediglich von einem Zusammenhang zwischen beiden Variablen aus. Sie gehen nicht auf die Richtung des Unterschieds oder Zusammenhangs ein. So wird z.B. wird eine bestimmte Variable von zwei verschiedenen Gruppen unterschiedlich akzeptiert.[11]

3.3.2 Klassifikation nach der Art

Bei der Klassifikation nach der Art kann zwischen vier verschiedenen Hypothesenarten unterschieden werden. Es handelt sich dabei um Verteilungshypothesen, Zusammenhangshypothesen, Unterschiedshypothesen und Veränderungshypothesen.

Verteilungshypothesen beschäftigen sich lediglich mit der Verteilung einer Variablen (z.B.: In deutschen Kaufhäusern kaufen mehr Frauen ein als Männer.).

Zusammenhangshypothesen geben eine Vermutung über einen möglichen Zusammenhang zwischen verschiedenen Variablen an (z.B.: „Es existiert ein

---

[10] Vgl. Kamenz: Marktforschung – Einführung mit Fallbeispielen, Aufgaben und Lösungen, 2001
[11] Vgl. Stier, Empirische Forschungsmethoden, 1999, S. 12

Zusammenhang zwischen Alter und Informationsverhalten der Käufer."[12]).

Bei Unterschiedshypothesen wird ein Unterschied zwischen Variablen darge-
stellt, welcher durch die Zugehörigkeit der Variablen zu unterschiedlichen
Gruppen begründet werden kann (z.B.: Frauen kaufen mehr Kosmetika als
Männer.).

Veränderungshypothesen formulieren Vermutungen über die Veränderung
einer Variablen im Zeitverlauf (z.B.: Erhöhte Auflagen von Kaufhausprospek-
ten lassen den Bekanntheitsgrad steigen.).

Unsere Ausgangshypothese „Verschiedene Kaufhäuser nutzen verschiedene
Werbearten unterschiedlich wirksam." wird erneut betrachtet. Hier wird ein
Zusammenhang zwischen dem Erfolg verschiedener Werbearten und unter-
schiedlicher Kaufhäuser dargestellt. Die Richtung des Zusammenhangs wird
aber nicht angegeben. Es handelt sich also um eine ungerichtete Zusam-
menhangshypothese.

Nachdem eine Hypothese aufgestellt und klassifiziert worden ist, muss diese
Ausgangshypothese im nächsten Schritt messbar gemacht (operationalisiert)
werden, damit im weiteren Verlauf des Marketingforschungsprozesses die
notwendigen Daten erhoben werden können.

4 Operationalisierung

Bei der Operationalisierung werden die einzelnen Elemente der Ausgangshypothese in Einzelbegriffe unterteilt, welche empirisch gemessen werden können.

Zur Veranschaulichung betrachten wir erneut unsere zuvor aufgestellte Beispiel - Hypothese („Verschiedene Kaufhäuser nutzen verschiedene Werbearten unterschiedlich wirksam."). Aus dieser Hypothese können die beiden Faktoren „Werbearten" und „Wirksamkeit" herausgegriffen werden.

Es wird zwischen quantitativ und qualitativ messbaren Elementen unterschieden.
Quantitativ messbare Elemente sind solche, die beobachtbar sind. Dies sind
z.B. Absatz oder Einkommen eines Unternehmens. Es handelt sich also um
Begriffe, welche anhand eines Maßstabes gemessen werden können.
Im Gegensatz dazu stehen qualitativ messbare Elemente, welche nicht beo-
bachtet werden können. Als Beispiele können Anspruch oder Zufriedenheit
genannt werden. Diese Begriffe zu messen ist eher schwierig, weil es „keine
allgemeingültigen, verlässlichen Maßstäbe, Messeinheiten oder Indikatoren
mit definierten Ausprägungen"[13] hierzu gibt.
Zufriedenheit kann z.B. je nach der befragten Person an sehr unterschiedlichen Ausprägungen festgemacht werden. So können zwei verschiedene Personen durchaus beide zufrieden sein, in der Situation des Anderen wären sie
aber überhaupt nicht zufrieden. Es handelt sich bei Zufriedenheit nicht um
eine objektive Einschätzung bzw. um einen objektiv messbaren Zustand.
Gerade weil es solche qualitativ messbaren, nicht beobachtbaren Elemente
gibt, ist eine Operationalisierung vor Beginn der Datenerhebung grundlegend
erforderlich. Hierbei werden den theoretischen Begriffen der Ausgangshypo-

---

[12] Vgl. Raab, Poost, Eichhorn, Marketingforschung – Ein praxisorientierter Leitfaden, 2009, S. 32
[13] Vgl. Raab, Poost, Eichhorn, Marketingforschung – Ein praxisorientierter Leitfaden, 2009, S. 33

10

these messbare Indikatoren zugeteilt, damit die empirische Untersuchung der einzelnen Begriffe möglich wird.[14]

Die Begriffe „Werbearten" und „Wirksamkeit" aus unserer Ausgangshypothese können beide nicht mit greifbaren Maßstäben gemessen werden. Es handelt sich dabei also um qualitative Begriffe, welche erst messbar gemacht werden müssen.

4.1   Definition Messung

„Als Messung kann man die – nach bestimmten Regeln vorzunehmende – Zuordnung von Symbolen (Zahlen oder Zeichen) zu Objekten bezeichnen."[15] Diese Objekte können auch als Merkmalsträger bezeichnet werden. Dabei handelt es sich um Personen, Gruppen, Institutionen oder Objekte, welche Gegenstand der Marketingforschung sind. Diese können als statistische Einheiten bezeichnet werden. Die Gesamtheit aller Merkmalsträger ist das Kollektiv oder die statistische Masse.[16]

In unserer Ausgangshypothese „Verschiedene Kaufhäuser nutzen verschiedene Werbearten unterschiedlich wirksam." ist das Kaufhaus z.B. ein Merkmalsträger. Die Definition der statistischen Masse beziehungsweise (bzw.) des Kollektivs dieses Merkmalsträgers, können dann z.b. alle Kaufhäuser in Nordrhein - Westfalen (NRW) sein. Wichtig ist bei der Definition der statistischen Masse, die Ausgangshypothese zu berücksichtigen.

4.2   Der Operationalisierungsprozess

Der Operationalisierungsprozess kann auch als ein Übersetzungsprozess gesehen werden, welcher die theoretischen Begriffe der Ausgangshypothese in messbare Variablen umwandelt.
Abbildung 2 verdeutlicht, wie die theoretischen Begriffe schrittweise erst in Dimensionen und dann in Indikatoren zerlegt werden.
Was genau unter Dimensionen und Indikatoren zu verstehen ist, wird in den nächsten Kapiteln erläutert.

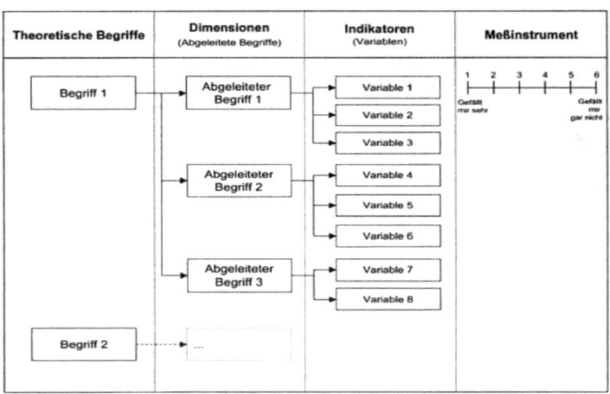

Abb. 2: Operationalisierung[17]

---

[14] Vgl. Raab, Poost, Eichhorn, Marketingforschung – Ein praxisorientierter Leitfaden, 2009, S. 34
[15] Vgl. Hüttner, Schwarting, Grundzüge der Marktforschung, 2002, S. 8
[16] Vgl. Koch, Marktforschung - Begriffe und Methoden, 2004, S. 219
[17] Vgl. Raab, Poost, Eichhorn, Marketingforschung – Ein praxisorientierter Leitfaden, 2009, S. 34

4.2.1   Dimensionen

Im ersten Schritt der Operationalisierung muss nun überprüft werden, aus
welchen Dimensionen oder Aspekten abgeleitet werden kann, welche Eigen-
schaften ein Kaufhaus besitzt und wann die Werbung eines Kaufhauses wirksam ist.
Dimensionen werden von den theoretischen Begriffen abgleitet um diese zu
veranschaulichen.
Man sollte sich zwischen zwei und drei Dimensionen entscheiden. Dimensionen haben meist auch Unterdimensionen oder Subdimensionen, sodass bei
mehr als drei hochdimensionalen Begriffen die Anzahl der zu betrachtenden
Dimensionen schnell ins Unermessliche wachsen würde. Deshalb ist von der
Betrachtung von mehr als drei Dimensionen abzuraten. Um dennoch die Be-
deutung der theoretischen Begriffe möglichst konkret zu erfassen, sollten
zwei Dimensionen mindestens genutzt werden.[18]

Um zu verdeutlichen, was mit Dimensionen genau gemeint ist, wollen wir er-
neut auf unsere Beispiel-Hypothese zurückkommen.
Es gilt zu überprüfen, anhand welcher Dimensionen der theoretische Begriff
„Werbearten" beschrieben werden kann.
Zu untersuchen ist, durch welche Faktoren (Dimensionen) bestimmt werden
kann, wie ein Kaufhaus bezüglich (bzgl.) seiner Werbewirksamkeit aufgestellt
ist.
Dimensionen für den theoretischen Begriff „Werbearten" können hier z.B.
„Kampagnenplan", „Personal" und „Auflagenstärke" sein. Der Begriff „Wirksamkeit" kann über die, Dimensionen „Kosten", „Qualität" und „Absatz" kon-
kretisiert werden.

4.2.2   Indikatoren

Im nächsten Schritt müssen die gefundenen „Dimensionen […] auf Indikatoren herunter gebrochen werden. Indikatoren sind beobachtbare (quantitative)
Größen (Merkmale oder Variablen), die das Vorhandensein und die Ausprägung einer Dimension messen".[19]
Die gemessene Ausprägung der Indikatoren wird als Merkmalsausprägung
bezeichnet.

Die Dimension „Kosten" aus dem oben genannten (o.g.) Beispiel kann z.B.
durch die Indikatoren „Kosten Werbeagentur", „Kosten interne Mitarbeiter"
und „Materialkosten" gemessen werden.

Für die Messung von Merkmalsausprägungen wird ein Messinstrument benötigt. Die Merkmalsträger werden dabei einem Skalenwert oder einem Index-
wert zugewiesen.
Bei einer Skala handelt es sich um die Anordnung von Werten, denen die
Merkmalsausprägungen eindeutig zugeordnet werden können. Die auf einer
solchen Skala berücksichtigten Werte heißen Skalenwerte.
Bei einem Index handelt es sich um eine Maßzahl, durch die mehrere Größen
zu entsprechenden Bezugsgrößen in einer einzelnen Kennzahl in Beziehung
zueinander gesetzt werden. Die in einem solchen Index berücksichtigten
Werte, nennt man Indexwerte.[20]

---

[18] Vgl. Stier, Empirische Forschungsmethoden, 1999, S.21, S. 111
[19] Vgl. Raab, Poost, Eichhorn, Marketingforschung – Ein praxisorientierter Leitfaden, 2009, S. 35,
36
[20] Vgl. Schwarze, Grundlagen der Statistik 1 – Beschreibende Verfahren, S. 33, S. 245

Bevor die Merkmalsträger, Merkmale und Merkmalsausprägungen weiter analysiert und interpretiert werden, werden diese in eine Datentabelle übertragen. Hier befinden sich die Elemente oder Merkmalsträger in den Zeilen, die Variablen bzw. Merkmale in den Spalten und die Position des Merkmalsträgers bzgl. des Merkmals (Merkmalsausprägungen) befindet sich in den Zellen. [21]

4.2.3   Verdeutlichung - Operationalisierung

Die Operationalisierung stellt die Vorgehensweise dar, mit der messbar wird, ob ein bestimmter Sachverhalt in der Realität wirklich existiert. Durch die Operationalisierung werden die konkreten Messgrößen in einer Übersicht niedergelegt
Die zu Anfang aufgestellten Ausgangshypothesen können noch um weitere, wichtige Hypothesen ergänzt werden. Diese ergeben sich aus der Kombination der gefundenen Indikatoren. Diese zusätzlichen Hypothesen können im weiteren Marketingforschungsprozess weiter untersucht werden und bei der Problemlösung helfen.
Sinnvoll sind aber nur Hypothesen, welche nicht auf einem Zusammenhang zwischen einem theoretischen Begriff und dessen untergeordneten Dimensionen bzw. Indikatoren beruhen. [22]

Nach der Aufstellung der Indikatoren werden die Messinstrumente bestimmt, welche z.B. in einigen Fragen in einem Interview oder Beobachtungsmerkmalen in einem Experiment vorliegen können.
In der folgenden Abbildung wird die Operationalisierung anhand des herangezogenen Beispiels im Gesamtzusammenhang dargestellt, um den Ablauf des Operationalisierungsprozesses zu verdeutlichen.

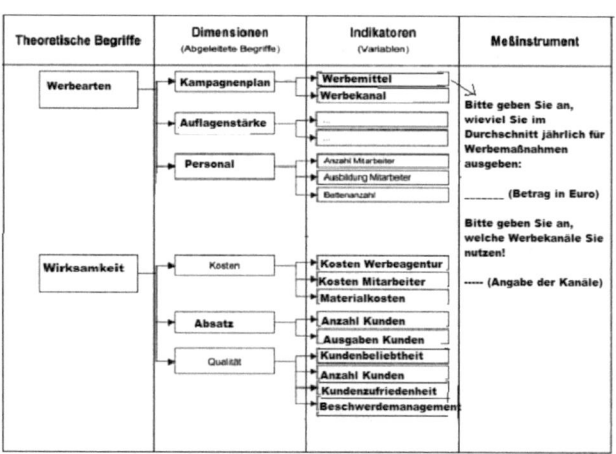

Abb. 3: Beispiel einer Operationalisierung

---

[21] Vgl. Kamenz: Marktforschung – Einführung mit Fallbeispielen, Aufgaben und Lösungen, 2001
[22] Vgl. Raab, Poost, Eichhorn, Marketingforschung – Ein praxisorientierter Leitfaden, 2009, S. 37

Nachdem die Operationalisierung abgeschlossen ist, werden Überlegungen angestellt und fixiert, welche Daten erhoben werden müssen und wie die Indikatoren am besten gemessen werden können, damit die Hypothesen verifiziert (bestätigt) oder nicht verifiziert (abgelehnt) werden können.

„Bei der Operationalisierung der Ausgangshypothesen sollte darauf geachtet werden, dass sich die Dimensionen und Indikatoren eines theoretischen Begriffs gegenseitig ausschließen, zusammen ein Ganzes bilden und vollständig sind."[23] Es sollte also keine Indikatoren oder Variablen geben, die einem Begriff doppelt oder gar nicht zugeordnet werden können.

5 Fazit

Hypothesenbildung und Operationalisierung sind für den weiteren Verlauf des Marketingforschungsprozesses grundlegend. Um die Erhebungsmethode zu definieren und den gesamten weiteren Prozess gut voran zu bringen, ist eine exakte Hypothesenbildung und Operationalisierung vonnöten.

Da die Operationalisierung auf den Ausgangshypothesen aufbaut, welche sich z.b. aus einer Expertenbefragung ergeben, ist schon die sorgfältige Formulierung dieser Ausgangshypothesen unbedingt erforderlich.
Zwar gibt es für die Operationalisierung einer Problemstellung keine richtige oder falsche Lösung, doch ein sinnvoller Ansatz bei der Operationalisierung erleichtert den gesamten weiteren Forschungsverlauf.

Sowohl die Hypothesenbildung als auch die Operationalisierung erfolgen in einem ständigen Prozess der Aktualisierung und beeinflussen einander. So können sie ständig zu wichtigen Anregungen und Ergänzungen für den Forschungsprozess führen.[24]

Um bei der Wahl der Erhebungsmethode und der Konzeption des Erhebungsinstruments möglichst wenige Fehler zu machen und ein genaues Forschungsergebnis zu erlangen, ist es also wichtig die vorangegangene Hypothesenbildung und Operationalisierung nicht zu vernachlässigen.

---

[23] Vgl. Raab, Poost, Eichhorn, Marketingforschung – Ein praxisorientierter Leitfaden, 2009, S. 38
[24] Vgl. Raab, Poost, Eichhorn, Marketingforschung – Ein praxisorientierter Leitfaden, 2009, S. 38

Literaturverzeichnis

Herrmann, Andreas; Homburg, Christian; Klarmann, Martin: Handbuch Marktforschung, 3. Aufl., Wiesbaden: Gabler, 2008

Hüttner, Manfred; Schwarting, Ulf: Grundzüge der Marktforschung, 7. Aufl., München: Oldenbourg, 2002

Kamenz, Uwe: Marktforschung – Einführung mit Fallbeispielen, Aufgaben und Lösungen hrsg. von Pietschmann, Bernd P.; Vahs, Dietmar, 2. Aufl., Stuttgart: Schäffer – Poeschel, 2001

Koch, Jörg: Marktforschung - Begriffe und Methoden, 4. Aufl., München: Oldenbourg, 2004

Kotler, Philip; Keller, Kevin Lane; Bliemel, Friedhelm: Marketing-Management: Strategien für wertschaffendes Handeln, 12. Aufl., München: Pearson Studium, 2007

Meffert, Heribert: Marketing – Grundlagen marktorientierter Unternehmensführung, 10. Aufl., Wiesbaden: Gabler, 2000

Raab, Andrea; Poost, Andreas; Eichhorn, Simone: Marketingforschung – Ein praxisorientierter Leitfaden, Stuttgart: W. Kohlhammer, 2009

Schnell, Rainer; Hill, Paul B.; Esser, Elke: Methoden der empirischen Sozialforschung, 8. Aufl., München: Oldenbourg, 2008

Schwarze, Jochen: Grundlagen der Statistik 1 - Beschreibende Verfahren, 10. Auflage, Herne/Berlin: Verlag neue Wirtschafts-Briefe (nwb), 2005

Stier, Winfried: Empirische Forschungsmethoden, 2. Aufl., Berlin; Heidelberg; New York: Springer, 1999